Christophe Lemmo

Après le coma. . . la vie

les éditions
de l'officine

les éditions
de l'officine
45, rue des Petites Écuries
75010 Paris
www.publiecriprint.com

ISBN : 978-2-35551-059-5.

Sommaire

Je dédie ce présent ouvrage à la lumière
de tous ceux qui m'ont aidé à recouvrer
une vie « normale » après l'accident
qui finalement n'a pas eu raison de moi.

Avant-propos

« Je soussigné, ***Professeur Agrégé Jacques P. chef du service de Neurochirurgie de la SALPETRIERE****, certifie que l'enfant LEMMO Christophe, âgé de 9 ans, a été hospitalisé dans mon service le* ***quatre avril mille neuf cent soixante dix neuf*** *à la suite* ***d'un traumatisme crânien*** *qu'il aurait subi le jour même.*

Il présentait à son arrivée un ***état de coma profond avec signes de décérébration bilatérale*** *(interruption de la transmission des messages nerveux entre le cerveau et le reste de l'encéphale (ensemble de centre nerveux constitué du cerveau, du cervelet et du tronc cérébral)), anomalies pupillaires****, troubles respiratoires****.*

L'examen au CT scanner a montré qu'il ***s'agissait d'une contusion cérébrale diffuse, bi-hémisphérique prédominant dans la région temporale et dans la région protubérantielle.***

Cet état a nécessité ***une réanimation intensive avec traitement anti-oedémateux cérébral, ventilation assistée et intubation trachéale.***

***Ce coma a persisté environ trois semaines** avec réapparition d'un niveau de conscience minime vers le vingt quatre avril.*

*A ce stade il existait toujours un **déficit hémiplégique** (paralysie de la moitié droite ou gauche du corps due le plus souvent à une lésion cérébrale dans l'hémisphère opposé.) **spasmodique gauche et des troubles du langage**.*

*Les tracés électro-encéphalographiques ont montré l'existence de **signes de souffrances cortico sous corticale bilatérale et des signes de souffrance profonde** s'améliorant au bout d'un mois mais avec persistance d'anomalies lentes prédominant à droite.*

L'enfant a été transféré à l'Hôpital Raymond Poincaré de Garches le dix sept mai mille neuf cent soixante dix neuf en vue de rééducation.

*Le pronostic fonctionnel d'un tel **traumatisme crânien gravissime** est impossible à porter à l'heure actuelle mais toutes les réserves d'usage sont à faire en ce qui concerne la possibilité de séquelles motrices, neurologiques, psychologiques et sur la survenue éventuelle d'une comitialité.*

Certificat fait à la demande de la mère de l'intéressé le onze octobre mille neuf cent soixante dix neuf. »

Voici le témoignage d'un enfant au parcours bien **particulier miraculeusement rattrapé par la vie et sauvé par l'amour**.

Restez surtout bien attentif à tout ce qui va suivre, car vous allez ainsi lire le film de ma vie, et **attention ! Ceci n'est pas une fiction** mais bien la réalité qui a été la mienne.

Avant tout, mon cœur va battre à travers **ma légende personnelle** que je vais vous dessiner sur papier, de l'enfant sans histoire que j'étais avant cet accident, et qui va maintenant garder en lui les traces profondes d'un traumatisme pour toute sa vie.

De cet accident dramatique va s'ensuivre un temps de reconstruction, dont vous ne pouvez même pas un instant soupçonner les difficultés pour pouvoir évoluer au même stade que le vôtre : **être comme tout le monde.**

Vous allez comprendre toutes ces épreuves qu'il a fallu surmonter pour ma famille aussi, pour arriver aujourd'hui, là où j'en suis, à me réinsérer dans la société, à vivre dans la vie active comme n'importe qui d'entre vous qui parcourez ce livre.

Chaque jour, il a fallu supporter les railleries, les injustices, les moqueries, les regards des autres et leurs comportements, mais qu'importe ! Avec l'Amour d'une mère, toutes les difficultés du monde, même les pires, ne sont pas insurmontables.

La vie est un combat de tous les instants au milieu d'une faune, où **la seule loi, est celle du plus fort**, où le combat est incessant **dans ce monde pourtant humain mais qui l'est de moins en moins**.

Selon vous, que peut ressentir une famille dont le destin s'est vu brisé en une fraction de seconde par cette « arme » que peut être la voiture ?

Ressentez d'abord, l'angoisse vécue suite à la disparition soudaine d'un enfant qui pourrait être le vôtre, confiné entre la mort et la vie, prêt à vous abandonner, sans même oser penser aux séquelles dont il supportera le poids tout au long de son existence s'il s'en sort.

Cette voiture sur le point d'en doubler une autre à l'approche d'un feu rouge, se devait d'accélérer pour être la première, à charge au conducteur d'en perdre le contrôle pour venir faucher de plein fouet le petit garçon que j'étais.

Tel devait être le scénario.

Introduction

En parcourant ce récit vous allez devenir témoins, de la présence d'acteurs dignes de vautours et de loups.

Je vous laisse le soin d'attribuer à chaque animal sa profession.

J'allais devenir par la suite, le coupable idéal pour un système déjà réglé d'avance.

Grâce, à l'amour d'une mère qui venait tous les jours visiter son fils et entretenir un rayon d'amour, ma récupération s'est miraculeusement faite et d'une manière incroyablement rapide.

Le simple fait d'ouvrir la main gauche, de bouger un doigt, ou de sortir un son audible tenait du miracle, et me demandait un effort insurmontable, et un kinésithérapeute tel un magicien était là pour m'aider à traverser cette épreuve, que l'on ne souhaite à personne mais faisant partie de mon chemin d'évolution.

Plus tard, à être trop motivé à faire mieux chaque jour pour la première femme de ma vie, je me démunissais petit à petit, et sans m'en rendre compte, d'une contre partie financière destinée à m'aider à vivre auprès de vous plus tard.

C'est bien cette récupération miraculeuse qui attirait les vautours.

Quel prix donnez vous à l'amour que vous donnez à votre enfant, vous les mamans ?

A quelle valeur l'estimez vous ?

Ne vous souciez surtout de rien, les assurances sont là pour répondre à votre place.

A la question, pourquoi moi ? Pourquoi un tel scénario ? Pourquoi une telle violence ? Pourquoi cet acharnement ? Tant de questions auxquelles il vous sera aisé de répondre et d'apprécier ces situations tout en vous dessinant simplement mon parcours.

CHAPITRE I

Une vie d'enfant sans histoires

Ma sœur Sandrine a été la première enfant née d'un Amour voulu et désiré.

Quelques années plus tard, pratiquement trois, Sandrine a vu son petit frère naître de ce même Amour qu'elle.

En effet ; j'ai vu le jour en pleine nuit, ce lundi deux juin 1969, vers vingt trois heures à la clinique Saint Jean à Melun qui m'a accueilli pour venir dans ce nouveau monde auquel nous sommes tous confrontés mais d'une manière, propre à chacun.

Je ne peux imaginer ce qu'a pu ressentir notre père lorsqu'il devenait papa pour la deuxième fois, et qu'en même temps il se voyait diminué fortement par la maladie qu'il développait, et que pour lui en silence arrivait la fin.

Nôtre père, né un lundi six juillet 1942, s'est vu rongé par un cancer, et nous a tous quitté le quatorze octobre 1969.

La vie se déroulait comme si le destin devait impérativement briser cette famille d'une manière ou d'une autre, quelqu'en soit les conséquences.

A l'approche de ma venue dans ce nouveau monde, je ressentais doublement le mal qui dévorait notre père à petit feu et à grande vitesse, alors que la médecine de l'époque ne pouvait rien faire.

La perception des évènements dans l'espace utérin est instantanée, l'espace temps est immédiat où toutes les sensations ressenties sont transmises au futur nouveau né.

Je devais sentir déjà que les choses venant à moi sans que je le veuille, allaient me frapper de plein fouet.

Un enfant qui a peur, ne souhaite t-il pas rester là où il se trouve en sécurité ?

C'est une question d'instinct et de survie, non ?

Je ne voulais pas venir dans ce monde physique où je ressentais trop de choses négatives, et préférais rester dans le ventre de celle qui me portait, bien au chaud.

C'est la raison pour laquelle je ne voulais pas me placer correctement pour ma sortie dans ce monde semé d'embûches, mais, il fallait impérativement que je vive ma destinée personnelle.

Telle a été, en fait, ma naissance à la clinique St JEAN où j'hurlais encore plus fort que tous les autres bébés, sans doute parce que je voyais le mal arriver à moi à grand pas, en tant qu'âme d'adulte dans un corps d'enfant, n'ayant pourtant rien demandé. J'étais impuissant dans ce monde déjà réglé d'avance.

Une cassure, une épreuve dont mon destin découlera, devait s'imposer.

Ma sœur voulait absolument que son petit frère s'appelle « Christophe », ainsi notre mère me prénomma de la sorte.

Curieusement, ma soeur ne sentait-elle pas déjà que le danger qui s'approchait lentement de moi sans rien dire, nécessitait une protection digne de mon prénom ?

Elle ne s'était pas trompée, elle savait sans doute déjà tout inconsciemment, et sur le bout des doigts comme une véritable petite écolière.

Un subtil langage en guise d'avertissement était passé par cette âme d'enfant qu'était ma sœur pour protéger son frère d'une épreuve à venir mais dont personne n'avait saisi la portée.

Le prénom de « Christophe » constituait-il une protection contre les dangers à venir ?

Notre domicile familial se situait à PARIS dans le douzième arrondissement, au n°24 de la rue SIBUET, dans le hall B au **septième** et dernier **étage**.

Notre bâtiment était mitoyen à mon école primaire, et mon retard du matin devenait une sale habitude car je me chaussais une fois seulement que la sonnerie retentissait et partais toujours de chez moi en vitesse pour retrouver mes camarades déjà tous rentrés en classe.

Mes retards étaient quotidiens et agaçants excepté pour moi.

J'étais un enfant ni compliqué, ni bagarreur.

A la récréation, les garçons jouaient aux billes et les filles à la marelle.

Quant à ma sœur, elle était au collège, non loin de la piscine où j'allais avec l'école une fois par semaine.

Au choix d'un sport à faire à mon âge, la natation était pour moi le plus complet.

Située à une vingtaine de minutes à pied pour aller nager, je traversais plusieurs intersections sans que cela pose de problèmes.

Les entraînements se passaient les mardi et vendredi à partir de 17 heures, et le retour se faisait de la même manière en traversant plusieurs carrefours.

A chaque fois qu'il y avait des compétitions le samedi, notre mère était là pour m'encourager et me donnait toujours avant que j'entre en scène, un petit rayon d'énergie pour me donner la force de gagner, elle était ma meilleure supportrice.

Avec elle qui m'observait, il fallait que je nage vite pour arriver au pire troisième.

C'est à cette période en janvier, que nous avons déménagé pour aller à NOISY LE GRAND dans un immense duplex au dixième et dernier étage, en dessous des nuages mais au dessus de tout le monde.

Chacun avait son propre espace à lui, salle de bain, toilettes bref aucun temps d'attente en cas de besoin, nul besoin de se battre pour son territoire.

Il me fallait généralement quarante cinq minutes de trajet en RER et métro pour aller à mon école, puisque bien qu'ayant déménagé je suis resté dans la même école.

Le matin les trains étaient bondés de monde et j'arrivais toujours en avance par rapport aux autres maintenant.

Les trajets du retour se faisaient avec un camarade de classe, Pierre B.

Ensemble nous nous amusions comme des gamins de notre âge, dans la station RER de Nation, nous jetions d'abord nos deux cartables sur ces immenses rampes d'escalators d'une quinzaine de mètres de dénivelé, puis une fois nos cartables arrivés en bas, sur ces rampes immenses comme sur un toboggan nous glissions, et nos cartables amortissaient notre atterrissage sur le sol.

Nous baignions dans l'innocence et l'inconscience.

Dans les rames des trains totalement vides au retour, nous courions, et tournions autour de la barre de maintien le plus vite possible tel un hélicoptère au décollage.

A la station Val de Fontenay, l'un des deux descendait, pour prendre le train suivant pour sa destination finale.

Arrivé au terminus, tous les jours je prenais la passerelle comme le voulait notre mère pour éviter le trafic routier, puis un fois rentré chez moi je me préparais le goûter comme n'importe quel enfant.

Notre résidence était un complexe d'immeubles nommé les « arcades ».

Ma vie à cet âge là, était partagée entre l'école, la natation et plus tard le judo.

D'ailleurs au mois de juin, après ce fameux accident du mercredi 4 avril, ma monitrice de l'époque et le directeur de la piscine de mon club (CNP), m'apporteront tous deux ma médaille d'argent que j'avais gagné en étant arrivé second (mission accomplie) lors de la compétition le dimanche premier avril.

Ma médaille gagnée n'était pas un poisson d'avril et j'en fus bien heureux.

Ce nouvelle ville était plutôt calme pour moi, mais je passais la majeure partie de mon temps sur Paris, jusqu'à ce fameux jour où m'attendait ce scénario placé, chronométré à la seconde exacte pour cette expérience unique synonyme d'évolution et de témoignage, au détriment de pleurs et d'angoisses qu'a vécu une mère pour la seconde fois dans la détresse et l'abandon.

Il s'agissait du **jour J à l'heure H.**

CHAPITRE II
L'accident

Voici maintenant la description de l'accident que je vous livre au mieux en faisant parler le petit garçon qui est en moi et qui revient pour évacuer ce vécu qu'il n'a pu évacué jusque là.

J'étais en compagnie de **mon voisin de pallier** qui s'appelait **Christophe**, et dont **l'anniversaire était aussi le 2 juin**, mais avec deux années de plus que moi, et nous devions aller à la patinoire.

Sur le chemin notre attention a été détournée par une fête foraine, cet endroit plein de vie, de rire, d'amusements, de distraction et d'émotions.

Finalement nous y sommes restés, puis ensuite sommes rentrés chez nous.

Nous avons normalement pris le RER, et ce fameux jour, nous n'avons pas emprunté la passerelle que je prenais normalement tous les jours pour éviter ainsi le passage sur la chaussée au milieu des voitures auquel je n'étais pas habitué.

Bref, nous avons traversé tous les deux **sur les passages piétons**, et je suivais mon camarade Christophe S, en courant derrière lui à toute vitesse.

Je suivais le passage qu'il m'ouvrait, en recouvrant ses pas par les miens à n'importe quel prix.

Je ne savais pas à ce moment que c'était au prix de ma vie !

Je baptisais mes baskets bleues neuves de la veille dont je disais qu'elles couraient vite.

Je courais de plus en plus vite pour le suivre, et pourtant j'avais l'impression d'aller aussi vite que lui mais voilà il était devant moi et soudain, m'est arrivé un choc d'une telle intensité que je n'ai rien senti, et ce n'est qu'une fois retombé sur le bitume sur ma tête du côté droit, après dix mètres de vol que cette déchirure trop forte à supporter, m'a envahi.

La douleur ne m'a plus jamais quitté une seule seconde.

Des larmes de douleurs commençaient à couler sur mon visage pour, au final, m'endormir.

Une fois à terre tel un objet qu'on lance en l'air et qui retombe, mon corps d'enfant ne ressemblait plus à rien, mon aura était déchirée.

Il y avait des voitures de partout et une foule de gens qui me regardait comme si j'étais la distraction du quartier.

Inconscient, j'étais déjà en suspend entre deux mondes et je pouvais tout voir et tout entendre.

Tout se passait d'une manière logique et chaque scène s'emboîtait les unes dans les autres comme un jeu de lego.

Mon corps restait inerte, vidé de toute vie et j'hurlais de plus en plus fort comme à ma naissance, pour que l'on entende ma douleur, mais rien n'y faisait.

J'avais terriblement besoin d'air, mais je ne ressentais que des gens autour de moi, qui étaient ici pourtant pour me secourir, mais qui me prenaient sans le savoir l'air tant espéré dont j'avais besoin.

Ces gens en uniforme, maintenant prenaient des mesures, d'autres sortaient un brancard d'un camion rouge de pompiers, un autre avait la bouteille d'oxygène et pendant toute cette scène j'avais mal.

Les larmes ruisselaient intérieurement le long de mon visage et mon cœur chargé d'émotions s'emballait.

Les gens ne regardaient qu'un enfant mourir sous leurs yeux comme un spectacle de cirque.

« C'était impressionnant le gamin sur la chaussée, non ? Pour une fois qu'il y a de l'animation dans le quartier », et tous ceux qui klaxonnaient depuis l'autre bout de l'avenue et qui s'énervaient par crainte d'arriver en retard chez eux pour retrouver leur progéniture, mais voilà un enfant était en train de mourir et c'était moi .

Je ne respirais plus et ces gens ne voyaient que le bout de leurs nez et non la gravité de mon instant sur l'heure du départ.

La déconnexion avait été totale, mon cerveau avait perdu tout commandement sur mon corps, le control ne se faisait plus.

Des gyrophares de partout, des lumières bleues comme à la fête foraine et en voyant toute cette scène je me disais que j'allais moi aussi être en retard pour rentrer, alors que je n'étais seulement qu'à quelques mètres de mon territoire.

Je n'arrivais toujours pas à respirer, mon corps physique s'était séparé de mon âme spirituelle d'enfant de 9 ans quand soudain juste à cet instant, je sens un masque se poser sur mon visage et ce fluide tant espéré, envahir de force mon corps pour me dire « Apaise toi et saches, je suis là, je m'occupe de tout ».

Pourtant je sentais qu'en même temps un autre fluide sortait de moi, et mes membres devenaient de plus en plus lourds.

Chaque scène me faisait partir un peu plus dans l'au-delà.

La douleur se présentait à moi comme une déchirure du passé de mon corps à vif qui me chuchotait l'heure proche de mon départ.

La voiture venait, je ne sais de quel côté ?

Sa calandre a atteint mes jambes, sans faire aucune trace de sang.

Ailleurs où la douleur était absente, je suis parti sans rien dire à ce monde, où je n'étais qu'enfant, en fermant les yeux pour un temps indéterminé.

S'agissait-il d'un nouveau point de départ pour le fils LEMMO et sa famille ?

Seul l'amour devait en décider !

A l'approche de dix huit heures, imaginez une autoroute complètement saturée.

Les médecins quant à eux ne voyaient pas grand-chose aucune trace de sang, rien de cassé, seuls mes yeux clos parlaient d'eux même.

J'insufflais toujours plus d'oxygène.

Je manquais d'air et justement la seule solution ne pouvait venir que des airs, mais les pylônes électriques longeant toute la chaussée, empêchaient tout atterrissage d'un hélicoptère !

Il fallait donc trouver une aire où puisse se poser sans danger cet engin.

A proximité de toute cette agitation, se trouvait justement une école primaire qui par chance était fermée en raison de ce mercredi, jour des enfants.

La solution avait été trouvée, je devais cette fois-ci retourner à l'école.

Les conditions météo permettaient heureusement pour moi le vol de cet hélicoptère pourtant sans destination précise de retour, il fallait donc partir avec suffisamment de kérosène au cas où il faille largement se dérouter, un tracé non encore dessinée sur carte.

Je me rapprochais ainsi de ce qui allait devenir plus tard ma passion, mais pour l'instant il me fallait survivre à cette épreuve avec toute l'aide que je pouvais obtenir du monde médical pour me permettre de vivre ma vie de petit garçon.

Une fois le réservoir à niveau**, l'hélicoptère** décolla de l'héliport d'Issy Les Moulineaux en suivant une route magnétique aux instruments (IFR).

Tandis que le pilote manoeuvrait son appareil, le co-pilote consultait la carte et repérait les obstacles signalés, et les aires d'atterrissages d'urgences possibles.

Il fallait faire très vite avec un timing précis déjà calculé d'avance.

Pour cette raison ce pilote a dû passer à la verticale de cette école d'où on lui signalait la présence des secours.

Une fois bien repérée d'en haut, un autre repère proche de celui-ci dut être considéré pour un vol de trente secondes et une amorce de virage à 180° pour bien prendre en compte les éventuels danger et atterrir en toute sécurité.

Une fois tous les paramètres intégrés (axe d'approche (obstacles, éblouissement), altitude de l'aire, direction et force du vent, état du sol avec ou sans pente), il fallait maintenant amorcer la descente en cabrant légèrement l'appareil afin de diminuer sa vitesse horizontale et augmenter sa vitesse verticale de descente.

Une fois l'engin posé, moteurs éteints, pâles à l'arrêt complet, commençait maintenant une véritable course contre la montre dont je voyais défiler les minutes une par une.

Il en aura fallu du temps pour m'installer avec toutes ces machines dans cet **appareil rouge sang.**

J'avais la sensation que ma tête tournait de plus en plus comme si j'étais resté à la fête foraine dans un manège qui tournait à toute allure avec un bruit de plus en plus fort.

Maintenant il fallait quitter le plancher des vaches pour celui des nuages.

Tachymètre moteur et rotor à 3100 tours/minute, pression d'admission à 25 pouces de mercure : **Décollage immédiat**.

Le bruit des pales devenait de plus en plus fort et rapides.

Le médecin en face de moi me surveillait pour me retenir d'un départ prématuré.

Nous prenions cette fois de l'altitude et tout en dormant, j'étais sur le point de faire mon baptême de l'air, malgré moi avec les yeux clos mais pourtant je voyais tout.

Cet engin volait de plus en plus vite et le monde devenait de plus en plus petit.

Tachymètre moteur et rotor à paramètres stables et une vitesse de plus en plus importante.

Durée du vol environ 45 minutes avec une destination non encore connue jusque là, faute de lits disponibles.

Les hôpitaux TROUSSEAU, NECKER, et DEBRE sont tous les trois des établissements accueillant des enfants mais aucun d'eux ne pouvaient le faire.

J'étais bercé en attendant par le bruit des pales qui ne cessait pourtant de s'accélérer.

Au lieu de m'accueillir, ces hôpitaux, un à un, fermaient leurs portes afin que je continue ma route dans les airs suspendu entre deux mondes.

A l'approche d'un groupe hospitalier parisien, mon état se dégradant à l'écoute des machines qui me maintenaient en vie et qui s'emballaient, il fallait impérativement me déposer de toute urgence pour que je reçoive des soins appropriés.

Il fallait faire au plus vite maintenant !

Tachymètre moteur et rotor sous les 2800 tours/minute, pression d'admission à 26 et une vitesse horizontale nulle, cet engin commença son immobilisation au dessus de ce groupe hospitalier parisien qu'est **la Pitié salpétrière,** pour amorcer une descente en douceur et me déposer de toute urgence dans le service de neurochirurgie du professeur P. dans lequel je fus très rapidement pris en charge.

Le brancard sur lequel j'étais, était couvert de machines et j'étais toujours l'objet de toutes les attentions, mais pour l'instant j'essayais de respirer au maximum pour vivre.

CHAPITRE III
Du coma à la rééducation

Commençait pour moi une dramatique épreuve à subir, sans pour autant l'avoir méritée, mais il devait en être ainsi alors à quoi bon résister à perdre ses forces et lutter contre puisque mon chemin était celui-ci.

Il me fallait absolument survivre à cette expérience, et semble t-il que j'étais enfin prêt à traverser cette épreuve ultime ?

Tous les jours que la vie faisait, je voyais mon corps de petit garçon inerte, sans vie, sorti de son enveloppe physique, qui ne ressentait plus rien, et qui respirait seulement l'oxygène que lui envoyait une simple machine pour le maintenir dans ce monde de matière.

La visite quotidienne de ma mère était source d'un bonheur immense, je ressentais sa présence physique par un intense rayon d'amour que je percevais, et cette visite prenait une tout autre apparence que celle faisant partie du monde physique.

Il s'agissait d'un mélange symbolique de mon âme physique et spirituelle.

Lorsque ma mère venait dans ma chambre, pour moi c'était l'heure du goûter que je n'avais pas pris le jour de cet accident, et sous une apparence bien particulière, cette représentation prenait l'apparence d'un guide pour s'occuper de moi.

Mon cerveau mettait tout en scène pour que mes perceptions soient doublement synonymes de plaisir.

Tous les jours elle venait me visiter et à chaque fois les même scènes se répétaient avec la même intensité : **des tartines de pain beurrées trempées dans du chocolat chaud** avec une infirmière d'apparence asiatique telle mon guide.

Je la sentais uniquement par sa présence psychique, car mon corps était toujours vide de toute force physique : il fallait laisser la nature faire son travail maintenant avec ce gros tube dans ma gorge pour respirer.

Je faisais partie désormais d'un autre monde qui n'a aucune correspondance physique, où le plaisir est ressenti uniquement par des rayons d'amour comme ceux de lumière qui traverseront plus tard ma chambre.

Ma mère prenait-elle l'apparence d'un guide, chargé de me retenir ?

Je me projetais dans un avenir proche et voyais déjà l'hôpital à Garches dans lequel j'allais être transféré et la chambre dortoir d'une quarantaine de lits dans laquelle j'irai plus tard, mais pour l'instant, j'étais encore en phase comateuse dans cet hôpital parisien.

Je vivais hors de mon corps, mais bien dans l'un des meilleur service pour s'occuper de moi.

Toujours dans le coma, les barreaux froids de mon lit je me voyais escalader, pour me diriger instinctivement et sans aucune lumière, vers celle qui m'avait donné la vie et de qui je recevais tout l'amour du monde, elle qui me faisait tant espérer revenir, et qui dormait dans une pièce voisine.

Arrivé à hauteur de cette fameuse chambre, j'entrais, toujours en rampant, et poussant doucement la porte, je m'approchai de ce lit, où elle dormait.

J'étais émerveillé à la regarder et me sentais en totale sécurité à ses côtés, avec cette petite étoile brillante, pleine de lumière au dessus d'elle.

Elle me regardait avec une énorme affection, et me souriais tendrement montrant ainsi tout son amour s'unissant au mien.

Mon âme d'enfant voulait aller vers elle pour être serré fort dans ses bras.

Je lui tendais alors la main vers le ciel, en attendant un petit signe de sa part pour venir auprès d'elle tellement j'étais bien, mais immobile comme si elle ne me voyait pas et sans aucune réaction de sa part, je suis reparti comme j'étais venu dans le noir le plus complet dans un couloir de lumière brillant par son absence.

L'heure de mon départ n'était pas encore venue semble t-il !

La signification symbolique de cette vie hors de notre espace temps était très claire puisque personne ne dormait à l'hôpital.

La vie usait de situations humaines émanatrices de rayons d'amour pour maintenir l'enfant que j'étais, hors d'une vie où toutes perceptions tactiles sont inutiles : je n'étais sans doute pas prêt à quitter notre champ.

Soudain un rayon de soleil traversa la pièce, et à ma grande surprise, mes yeux se sont ouverts**, j'étais revenu parmi vous, sorti de ce coma grâce à l'Amour, ses miracles, et l'oxygène.**

Mes paupières étaient ouvertes mais je ne pouvais rien faire d'autre que regarder, je n'avais aucune force physique.

De ma substance j'étais vidé, et me laissais aller en tant qu'enfant spectateur.

Je ne pouvais ni parler ni bouger, je ne faisais encore qu'encaisser le choc.

J'étais enfin revenu parmi vous, et les visites quotidiennes de ma mère avaient maintenant une apparence bien réelle, et celles du goûter étaient terminées.

A chaque monde son apparence et ses moyens.

L'amour d'une mère avait fait son travail, maintenant à moi de faire le mien avec l'aide du monde médical.

J'allais aller par la suite, dans un autre hôpital pour ma rééducation, célèbre pour ses occupants en pleine épreuve avec fauteuils roulants, chariots, ou béquilles.

A commencé alors pour moi une vie consciente **dans une véritable « prison »** qui n'était pourtant qu'un simple hôpital, avec de nombreux enfants de tous les âges dont les cas étaient tout aussi graves que le mien, voire pire encore.

Afin d'éviter toute crise d'épilepsie, j'étais sous traitement gardénal dosé à 0.05 milligrammes, mais le plus important des médicaments pour moi, était l'Amour.

Le kinésithérapeute qui allait maintenant s'occuper de mon cas, devait impérativement tout mettre à ma disposition pour me faire remarcher.

C'était à moi maintenant de le décider aussi.

Tel était mon état à mon arrivée par cette terrible ambulance :

« Je soussigné, Docteur J.D chef de clinique, assistant, ***Service du Professeur H., hôpital Raymond Poincaré 92380 GARCHES****, certifie que Christophe LEMMO, né le deux juin mille neuf cent soixante neuf, demeurant 25, allée du clos gagneur 93160 NOYSY LE GRAND,* ***a été hospitalisé dans le service de rééducation neurologique du professeur H. du douze mai au onze juillet 1979 et du trois au huit septembre*** *de la même année pour rééducation après un traumatisme crânien secondaire à un accident de la voie publique qui se serait produit le quatre avril dix neuf cent soixante dix neuf et pour lequel il avait été hospitalisé en urgence dans le service de neurochirurgie de l'hôpital de la SALPETRIERE.*

Il aurait présenté un ***coma stade III avec réaction de décérébration bilatérale*** *avec un scanner pratiqué en urgence une* ***contusion diffuse bi-hémisphérique (des deux côtés) prédominant dans la région temporale et dans la région protubérentielle.***

Une réanimation avec ventilation** assistée a été **nécessaire pendant plusieurs semaines.

*A son arrivée dans le service, la conscience était en cours d'éveil, **il n'y avait pas** de langage, il existait une **hémiplégie gauche très importante avec un syndrome pyramidal droit persistant.***

Au cours de l'hospitalisation, on a constaté des progrès moteur importants avec une persistance d'un syndrome pyramidal gauche et d'une gêne à l'utilisation du membre supérieur, un syndrome cérébelleux (relatif au cervelet) discret.

Sur le plan du comportement il persiste des troubles de l'humeur, des réactions infantiles légèrement pathologiques.Son niveau était inférieur à la moyenne de son âge en juin avec des chiffres de l'ordre de sept ans pour un âge réel de dix ans.

*Au total, il s'agit des séquelles d'un **traumatisme crânien grave ayant rapidement récupéré de façon relativement satisfaisante sur le plan moteur**, conservant cependant des signes pyramidaux et des signes cérébelleux gênants dans la vie courante avec des séquelles intellectuelles pouvant retentir sur la scolarité à venir.*

Certificat établi à la demande de la famille et adressé pour faire valoir ce que de droit le trois octobre 1979 ».

Cet hôpital allait devenir par la force des choses, ma maison principale avec de nouveaux repères

Je me trouvais dans le bâtiment NETTER porte quinze au troisième étage.

Face à cette porte, vous prenez les escaliers ou le monte charge jusqu'au troisième étage, le deuxième étant celui des filles.

Une fois que vous y êtes, vous prenez le long couloir sur votre gauche jusqu'au bout, puis vous prenez à droite, et regardez enfin l'enfant allongé dans le troisième lit en partant de la droite, au fond, c'était moi.

Tous les jours se ressemblaient et le même programme se répétait.

Ma vie ne tournait qu'autour des visites quotidiennes de celle qui venait me donner de l'amour, de l'attention, la force de persévérer.

L'heure du réveil était annoncée par le bruit des bols les uns dans les autres.

Le matin, le petit déjeuner était aux alentours de huit heures avec des bols de chocolat bien chaud et des tartines de pain beurrées que je retrouvais.

Ensuite intervenait la toilette avec l'infirmière, afin d'être prêt pour les séances avec le kinésithérapeute et la visite des médecins.

Je récupérais lentement de ma motricité, mon cerveau se remettait en état de fonctionnement, mais mes piles étaient encore à un niveau trop bas.

Tous les gestes de la vie quotidienne se faisaient par guidage avec l'infirmière qui était toujours là, à me manipuler comme une marionnette pour m'aider, m'habiller, faire les gestes les plus simples.

Elle me faisait ma toilette comme si j'étais un nouveau né, sans elle (Laurence), je ne faisais rien.

Le matin aucune visite n'était autorisée, cette première partie de la journée était réservée aux soins.

Intervenait après la toilette les séances de kinésithérapies consistant à se laisser manipuler pour parvenir à faire des gestes comme bouger un doigt, puis un deuxième, puis la main, puis le bras, et remarcher ensuite. La peur de l'échec m'était toujours présente à l'esprit.

Avec la plus grande volonté du monde, je ne pouvais rien faire, et j'avais mal de ne pas pouvoir répéter les gestes que l'on m'apprenait à faire.

Les tests de force de mon bras gauche me rappelaient qu'il était mort, mais **avec l'amour l'espoir renaît.**

A trop vouloir être le meilleur, j'étais un simple débutant mais persévérant avec sa « chance de débutant ».

Les médecins passaient accompagnés d'internes donnant l'impression d'être des animaux devant ce groupe de blouses blanches qui s'affichait ouvertement.

On ne pouvait pas non plus commencer la rééducation des jambes sans que la force soit revenue dans le bras gauche où seul le droit fonctionnait, en hypertonicité par compensation.

D'échec en échec j'espérais toujours, à la seule motivation de montrer mes progrès à la seule femme qui me visitait chaque jour.

Je m'efforçais à faire de mon mieux.

Mes efforts prenaient un sens différent par rapport aux autres occupants, parce qu'ils étaient attendus par une autre personne que moi.

Le **déjeuner** arrivait vers douze heures.

La nourriture n'était pas celle, faite avec amour, comme à la maison, mais lorsque la faim est là, on mange.

J'attendais patiemment ensuite quinze heures, la venue de ma mère, à qui je voulais montrer absolument mes progrès du jour quand il y en avait, avec des mouvements les plus simples, mais qui pour moi relevaient de l'exploit, ouvrir ma main gauche, bouger mes doigts, prononcer un mot.

C'était un véritable combat d'y parvenir mais je me devais de montrer chaque jour un progrès différent de celui de la veille pour être à la hauteur de l'amour qui permit mon retour et que je recevais encore pour me dire **« Vas y, fonce ».**

Je travaillais tous les jours ma motricité physique avec le kiné, et réapprenais aussi à parler avec des séances d'orthophonie.

Cette rééducation était tout aussi dure, car vous prenez réellement conscience de votre animalité.

Il fallait répéter des sons dont j'avais perdu tous les mécanismes, et reprendre à zéro de ce coté là aussi.

J'étais comme un animal revenant à la civilisation.

Lorsque les batteries de mon bras gauche furent chargées suffisamment, alors le kiné a commencé à s'occuper de mes jambes toujours mortes.

Il me fallait à tout prix remarcher et courir comme si je voulais terminer la course que je n'avais pas pu finir à cause du choc, ce 4 avril.

Avec l'aide de l'amour que je recevais, je me sentais capable de tout.

Je devais, tous les jours que la vie faisait, me surpasser pour voir le contentement dans les yeux de celle qui était en face de moi et me rappeler d'où je venais.

Plus tard, lorsque j'allais mieux, et que je commençais à prononcer des sons, que j'arrivais à bouger ma main gauche, les visites de ma mère s'espacèrent à tous les deux jours, alors commençait pour moi, sans qu'elle le sache, une véritable angoisse celle d'être seul avec mon fauteuil roulant que j'avais le plus grand mal à faire avancer.

Mon véritable bonheur était de pouvoir sortir de cette « prison» pour passer le week-end hors de cet hôpital, en famille à la maison, même si j'étais en fauteuil roulant.

Je revenais à la civilisation, je n'étais plus seul.

Cette joie d'être tous ensemble se terminait le dimanche soir où l'on me ramenait.

Une vie pleine d'amour je vivais à la maison, à vivre au milieu de tous, à reprendre ma vie de petit garçon.

* * *

Service de rééducation neurologique.

Centre de paraplégiques.

Hôpital R. POINCARE.

92350 GARCHES.

Service du Professeur G.

« A la demande de la mère nous vous envoyons le jeune Christophe LEMMO âgé de 10 ans, ***hospitalisé dans notre service le douze mai 1979 pour rééducation d'une hémiplégie gauche.***

Celui-ci fut en effet victime le quatre avril 1979 d'un accident de la voie publique avec ***traumatisme crânien gravissime et, un coma stade III et décérébration bilatérale.***

Hospitalisé le même jour en neurochirurgie à la PITIE (professeur P.), il présentait une ***hémiplégie gauche massive au membre supérieur, distale au membre inférieur avec un pied en équin*** *(déformation du pied) entre autre, un discret syndrome cérébelleux du côté droit.*

L'enfant est resté inconscient trois semaines*, un scanner a montré une* ***contusion diffuse bi-hémisphérique à prédominance temporale et protubérentielle.***

Actuellement Christophe a très bien récupéré et la motricité est sub normale.

La marche est devenue tout à fait possible, enfin il n'existe aucune anomalie notable des fonctions supérieures.

Une hospitalisation est prévue pour début Septembre 1979 pour un bilan.

Je vous prie de croire, cher collègue, à l'assurance de mes sentiments les meilleurs. »

J'étais confronté en tant que gamin à un monde d'adulte déjà réglé d'avance.

Même en fauteuil roulant j'avais les pires difficultés à avancer car je ne pouvais véritablement me servir que de la seule force de mon bras droit, le gauche étant trop faible, toujours en attente d'un véritable réveil.

Je ne pouvais même pas sortir me promener dans cet hôpital immense ou prendre l'air tout simplement trois étages plus bas, j'étais confiné, seul, condamné à ne pas pouvoir suivre ceux avec qui j'étais à l'étage.

Le très lent réveil de mes jambes a commencé le lendemain d'un important choc émotionnel provoquant chez moi une surcharge électrique nerveuse de la zone inactive de mon cerveau correspondante à celles-ci.

A partir de ce jour, où cette fameuse zone était inondée d'amour, l'espoir de remarcher naissait dans mon esprit et tout en observant mes chaussures orthopédiques, et mes baskets montantes qui me maintenaient les chevilles au maximum, je voulais me battre pour accélérer ce réveil.

A chaque chute je me relevais pour aller de l'avant, je voulais y arriver, divorcer de ce fauteuil à deux roues.

Lors d'un week-end familial à Noisy, dans la chambre de ma sœur avec ma tante de Draguignan qui se tenait à trois mètres de moi, une petite voix me chuchotait

« Vas y ! Lève toi ! Vas y ! Marche ! Je suis là ! Avec toi ! »

A force de trop souffrir dans ma rééducation, je voulais tout faire pour échapper à ce sort, et pour cela, il me fallait écouter cette petite voix et lui obéir.

Je sentais en moi une force envahir mes deux jambes comme si j'allais décoller tel un hélicoptère.

Encouragé par ma tante, dans le plus grand des silences, j'étais seul avec mon âme d'enfant intérieur à essayer de me séparer de ce maudit fauteuil.

Prenant appui sur mes deux bras pour me lever, je restais ensuite debout, immobile sur mes jambes, je ne savais plus quoi faire.

Ma tante retenait tout son souffle, son monde et le mien étaient suspendus, en attente d'une motivation pour ne pas tomber sur la tête cette fois ci sans protection.

A partir de cet instant, je ne pouvais plus faire « marche arrière » pour revenir confortablement m'installer sur cette chaise roulante que j'avais décidé d'abandonner.

Mes jambes, telles des poteaux étaient raides, d'une lourdeur énorme, et sans aucun meuble contre lequel m'appuyer pour m'aider, j'étais pris au piège.

J'étais face à un choix à faire : Revenir en arrière ou foncer dans ses bras.

Je voyais dans les yeux de ma tante un tel émerveillement à me voir debout, que j'ai commencé à faire un petit pas de fourmi puis un autre petit pas de fourmi et encore un autre petit pas pour enfin arriver dans ses bras grands ouverts pour m'accueillir.

Il fallait mettre un pied devant l'autre tout simplement.

Tels furent mes premiers pas dans ce monde, je venais de renaître.

Je me séparais définitivement de ce fauteuil roulant, mais je gardais mon casque noir de protection que j'avais honte de porter devant tout le monde, mais mes jambes revivaient enfin.

L'été approchant, et afin que je garde mes points de repères d'avant, nous sommes partis chez ma tante à Draguignan.

Au mois de septembre lorsque je suis revenu pour une visite de contrôle, les médecins avaient suggéré que l'on me place dans l'établissement scolaire au sein de l'hôpital avec des enfants à handicaps lourds, sans avoir de points de repères pour évoluer.

Je remercierai toujours celle qui m'a mis au monde d'avoir préféré me réinsérer dans l'école de la vie au milieu de tous.

Se relever à chaque fois après une chute, tel un roseau qui se courbe au vent mais ne se casse pas, constituait mon quotidien.

A la vue du certificat médical à mon entrée à la SALPETRIERE, et la différence trois mois après à l'hôpital à GARCHES, on se rend compte que **cette récupération a été miraculeuse grâce notamment à l'amour qui m'a été donné et aussi à la qualité de tous les soins reçus.**

CHAPITRE IV
La reprise de la scolarité

Je revenais enfin au milieu de vous, et réintégrais maintenant **l'école de la vie** dans l'établissement où j'étais auparavant dans le douzième arrondissement de PARIS.

Maintenant nos voyages en RER étaient terminés pour ma sœur et moi.

Notre mère, tous les matins nous déposaient chacun à notre école malgré une autoroute embouteillée.

Ma sœur Sandrine était la première à être déposée à son collège non loin de mon école puis ensuite arrivait mon tour.

L'après midi pour repartir, le schéma inverse se présentait : à quatre heures et demie j'étais le premier à être récupéré, puis nous allions chercher ma sœur pour dix sept heures.

Plus question de nous laisser notre indépendance maintenant.

La leçon avait été comprise par nous tous.

Bien que cet accident soit arrivé à l'approche de la fin de l'année scolaire, le conseil de classe préféra me faire redoubler.

Je suis donc retourné en classe de CM1, dans une classe intermédiaire.

Ma seule motivation était de ressembler à n'importe quel enfant, mais la différence était flagrante par le regard et le comportement des autres.

La meilleure des motivations, était de retourner à cette école de la vie où j'avais encore mes repères au milieu d'enfants « ordinaires ».

Je me trouvais au milieu de vous, tout en devant supporter des moqueries, des railleries sur ma lenteur.

Même si cela était dur, « le jeu en valait la chandelle. »

Cette situation était pour moi la meilleure, en apprenant à aller toujours de l'avant, au-delà de mes possibilités pour faire comme les autres et de mon mieux, je faisais la meilleure des rééducations même si les regards devenaient pesants.

J'avais bien récupéré de ma motricité, le problème restait l'écriture ainsi que mon élocution pour laquelle j'allais chez l'orthophoniste régulièrement au lieu de participer à des activités de gamin de mon âge.

Un dicton chinois dit que « **dans l'enfance, tous sont solidaires ; à l'âge adulte chacun ne pense plus qu'à soi.**

Ce dicton s'appliquait rarement à moi, au milieu d'enfants se comportant comme des adultes.

Je me retrouvais souvent seul, tout en recherchant la compagnie des autres.

Le meilleur il me fallait être, mais je n'y arrivais pas.

Le seul moyen à ma portée maintenant, pour prouver aux autres que j'existais face à des paroles blessantes que l'on me lançait, était la bagarre.

Mes membres renaissaient aux yeux du monde et je voulais le montrer, le crier à tous.

La classe de CM1 se terminant, mon passage en CM2 se passa sans difficultés, nous habitions toujours à Noisy le Grand avec le même schéma qui se répétait tous les jours pour le transport et pour nous deux (Sandrine et moi).

J'étais toujours l'enfant seul, et je ne comprenais pas pourquoi les autres ne voulaient pas être avec moi (peur de la différence ?).

En classe de CM1, j'étais dans le fond, près de la fenêtre à essayer de suivre la cadence imposée par les autres.

Inutile de vous dire que l'écriture était mon pire cauchemar.

Lorsque trop soumis à des difficultés, je m'évadais tout en regardant par la fenêtre jusqu'à ce que mes esprits reviennent et j'admirais toujours plus le doux visage angélique de notre maîtresse Marie-Noëlle que mes cahiers de leçons.

Lorsque mon attention se déconnectait de la réalité, je ne pouvais plus suivre ou difficilement les cours et j'étais trop souvent dans la lune.

Des activités sportives avec tous les autres en équipe m'éloignaient de la peur au ventre d'être interrogé et l'objet de tous les regards.

Ma scolarité en CM2 se passa sans difficultés notoires avec toujours le même cycle infernal qui recommençait sans cesse : Solitude, brimades, ridicule.

Nous étions une classe d'une quarantaine d'enfant et cette fois-ci ma place était au premier rang dans une salle organisée en forme d'un double U.

Maintenant je ne pouvais plus me dissimuler derrière mes camarades.

Mon attention se permettait trop souvent une évasion durant un certain laps de temps me contraignant à être toujours à la traîne.

Au mois de septembre j'allais maintenant entrer dans une autre école, celle des plus grands, **la sixième** où j'allais cesser de vouloir me battre pour rien.

Je voulais apprendre comme n'importe quel enfant dans ce monde, dans un système qui rejette ceux qui sont « différents », en pleine épreuve, telle l'école publique.

C'est à cette époque que nous avons déménagé de cette ville « maudite » pour se rapprocher de PARIS, à CHARENTON LE PONT, à l'angle de la rue de la liberté et la rue de l'**arcade**.

A partir de mon entrée dans ce collège privé, ma solitude allait encore grandir.

J'avais bien des copains et copines mais ceux-ci restaient toujours en bande et avec mes difficultés à parler, à écrire, j'étais trop souvent mis à l'écart.

Pendant que ceux-ci allaient s'amuser tous ensembles en bande, je devais aller, soit chez mon orthophoniste pour ma rééducation qui durera quelques années encore, soit prendre des cours de rattrapage le mercredi pour me mettre à niveau.

Lors de cette rentrée en **sixième R**, cette année scolaire **1981/1982** tous mes camarades de primaire se retrouvaient ensembles excepté moi qui me retrouvais une nouvelle fois seul.

Mes camarades ne repéraient aucun handicap visible, la seule chose qui les interpellait était le tracé et la vitesse de mon écriture, ainsi que mon élocution, comme quoi **le handicap n'est pas obligé de se voir pour être reconnu.**

Le premier trimestre :

« *Bon trimestre dans l'ensemble, Christophe s'applique et cela est satisfaisant, il faut poursuivre ainsi. Il va le faire j'en suis sûr*».

Au second trimestre, la dispersion de mon attention prenait naissance, je devenais peu à peu comme n'importe quel enfant :

«Trimestre satisfaisant dans l'ensemble, Christophe s'applique toujours mais il faudra éviter les bavardages à l'avenir ».

Au troisième trimestre, la fatigue venait s'ajouter aux bavardages :

« Christophe a été fatigué en fin de trimestre mais son travail est régulier dans l'ensemble. A lui de poursuivre l'an prochain ».

Mon passage en **cinquième M** s'est passé sans difficultés et cette fameuse année scolaire **1982/1983** a été pour moi l'occasion de me mesurer aux autres avec brio (j'existais).

Le premier trimestre « *Christophe ne doit pas relâcher ses efforts, les résultats sont satisfaisants* ».

Au second trimestre « *Christophe doit continuer ainsi pour assurer son passage en quatrième* ».

Troisième trimestre « *ensemble passable* ».

J'arrivais enfin à écrire d'une manière commune aux autres sans être à la traîne.

Cette année scolaire **1983/1984**, je me retrouvais en classe de **quatrième J** et le niveau devenait de plus en plus dur.

Le premier trimestre : *« Ensemble moyen, Christophe est capable d'une bonne réflexion, qu'il garde confiance ».*

A cette époque, un certain Sébastien M de mon âge, attendait l'occasion de m'humilier devant tout le monde pour être le héros enfin tant espéré de toutes les filles de ma classe en manque d'un prince charmant, il voulait s'attaquer au plus faible c'était plus facile pour gagner.

Tandis qu'un jour, nous étions en sport dans le gymnase de l'école, et devant tout le monde, après avoir réussi à contrer son attaque et à l'immobiliser devant tout le monde, je prenais le dessus sur lui tandis qu'il se débattait avec ses petits poings musclés.

A partir de cet instant c'était terminé pour lui et son cinéma, il avait compris la leçon.

J'avais remis les pendules à l'heure et pour tout le monde.

A trop vouloir en faire, il avait tout perdu de ses acquis auprès des autres.

Le deuxième trimestre les difficultés augmentaient encore et mes cours de rattrapage devenaient nécessaires de plus en plus :

« *Un léger progrès, surtout des efforts, il faut pourtant encore mieux faire pour mériter un passage honorable en troisième* ».

Le troisième trimestre : *« niveau passable* ».

Mon passage en classe supérieur devenait limite, en classe de **troisième R**, pour cette année scolaire **1984/1985**.

J'avais des camarades Gérald M, Laurent R et d'autres encore avec qui je m'entendais très bien, j'étais sociable, et toujours à la recherche de l'autre.

Je persévérais à aller de l'avant, et surtout je me sentais cette fois-ci moins seul car mes camarades de classe restaient avec moi pour ces cours de rattrapage, cela me rapprochait d'eux.

Le premier trimestre

« *A fait beaucoup de progrès, mais il doit continuer à en faire pour atteindre un niveau suffisant. Courage.* »

Mon attention avait parfois du mal à se stabiliser et ma mémoire en patissait.

Le deuxième trimestre : les difficultés s'affirmaient :

« Malgré un certain progrès, Christophe reste trop juste pour envisager une classe de seconde, effort à poursuivre ».

Le troisième trimestre était capital car il fallait travailler encore plus que les autres années pour obtenir ce brevet des collèges : *« Irrégulier dans ses résultats. Efforts à poursuivre ».*

« Christophe LEMMO a suivi sa scolarité au collège Sainte Clotilde de la sixième à la troisième.

Durant ses études, l'équipe pédagogique a pu constater que Christophe était un élève appliqué, persévérant et courageux.

Cependant, malgré une bonne volonté évidente, sa scolarité a été très perturbée et le niveau atteint n'est pas celui requis pour une fin de premier cycle.

Les difficultés d'élocution persistent, de même que le graphisme est encore malhabile et peu structuré, et les rythmes très lents. »

La directrice.

J'avais beau faire des efforts, seul comptait les résultats qui n'étaient pas toujours au rendez-vous, mais j'avais tout de même réussi à obtenir ce fameux brevet des collèges.

Le redoublement en fin de troisième m'était conseillé mais je ne pouvais ralentir ma course aux connaissances, ceci ne me découragea pas et décidai finalement de continuer à avancer.

Mes études secondaires allèrent finalement avec des hauts et des bas jusqu'au baccalauréat technologique.

Avec une certaine facilité, les matières sollicitant la mémoire comme l'histoire géographie, le droit et d'autres encore, constituaient pour moi un point fort.

Si certains de mes blocages avaient disparu pendant un certain temps, ils étaient maintenant revenus, notamment pour l'écriture, pour laquelle j'avais toujours les plus grandes difficultés.

Cet excellent professeur de mathématiques qui expliquait avec passion sa matière et nous la faisait partager, avait trouvé le moyen que celle-ci suscite chez chacun de nous un vif intérêt.

Connaissant mes facilités à écrire au stylo bille, plutôt qu'au stylo plume par rapport à mes difficultés, il n'hésitait tout de même pas à m'enlever un point pour cette raison comme à tout le monde.

Je n'avais aucun régime de faveur par rapport aux autres ; mais qu'importe je pouvais m'offrir ce luxe, celui de n'avoir qu'un 18/20.

Mon échec au baccalauréat… me valut un changement d'établissement et surtout d'enseignement.

Certains repères se perdaient tandis que d'autres venaient à moi : les mathématiques devenaient objet de lassitude alors que dans un même temps ma mémoire attisait les matières comme la philosophie, l'économie, le droit…

Cette nouvelle méthode d'apprentissage que j'avais mis au point, était infaillible, c'est ainsi que j'obtins un 17/20 en économie droit, à l'oral par exemple le jour du bac.

Le sujet était comme une simple clef lancée dans un champ, entretenu chaque semaine et la découverte de celle-ci m'ouvrait un champ de connaissances ancrées depuis des mois comme une rose qui se déploie pour dévoiler sa beauté.

Une fois le baccalauréat en poche, il fallait perfectionner mon anglais encore trop scolaire en jouant si possible l'immersion totale au pays de l'oncle SAM pour les vacances d'été.

Une grande tante habitait l'Etat du New Jersey à TRENTON, où avec son fils, nous travaillions ensemble en tant que jardiniers.

La rééducation de mon bras gauche se poursuivait tous les jours que la vie faisait, à effectuer des gestes fins que je n'arrivais pas toujours à faire.

Nous prenions soin des jardins des autres, à tondre la pelouse, à tailler les haies.

Les propriétaires très souvent nous proposaient des boissons pour ne pas nous déshydrater : **l'hospitalité américaine**.

Tous les jours, dans les superbes villas, à entretenir ces jardins, je me plaisais à travailler, même si parfois je me rendais compte que je n'arrivais pas à faire certains gestes de la vie quotidienne qui pourtant étaient très simples.

Les vendredi et samedi soirs, nous regardions des films vidéo devant des pizzas énormes avec des amis.

Ainsi je parvenais à me débrouiller par moi-même en toute indépendance comme un voyage vers l'inconnu, où tout renaît pour exister.

L'année suivante, l'université d'été de **Bridgeport**, non loin de New York et Princeton **dans le CONNECTICUT,** m'a accueilli.

Très souvent les week-ends, le billard américain était notre seule distraction et je prenais un vilain plaisir à éliminer mes adversaires un par un, j'avais attrapé le virus du jeu.

Toujours orienté dans la filière technico-commerciale, je poursuivis mes études dans une école supérieure de commerce qui me permit d'en sortir au bout de trois ans avec un diplôme d'ingénieur d'affaire en poche.

A cette époque, le service militaire était obligatoire, et cette fameuse convocation m'est parvenue pour effectuer ma journée d'incorporation le dix octobre 1990 à sept heures du matin.

Nous étions à peu près une trentaine de garçons dans la salle.

Après avoir passé une série de tests comme tout le monde, et en espérant pouvoir intégrer une préparation militaire, à la vue de mon dossier médical j'ai été exempté pour raison de santé.

Je venais de signer ma plus grosse dette envers la société comme vous allez vous en rendre compte.

CHAPITRE V

L'immersion dans le monde des actifs

Garder des enfants, devenait pour moi chose courante pour me faire de l'argent de poche pendant mes études.

Je voulais donner de l'amour autant que j'en avais reçu, et seuls les enfants acceptaient le mien car l'amour en soi même, peut aussi être synonyme d'attention, de gentillesse, de compassion.

Il m'arrivait même parfois de m'en occuper de la sortie de l'école jusqu'au couché, vingt et une heures, **j'apprenais à devenir un papa** !

Ayant une véritable passion en ce qui concerne le domaine aéronautique, je voulais m'orienter dans ce domaine, mais voilà, c'était sans compter avec une visite médicale qui en avaliserait ou non l'accès.

Cette visite passée à l'armée de l'air à la porte de Sèvres, afin de pouvoir ensuite m'orienter dans ce milieu en tant **que personnel naviguant à défaut d'être pilote,** pendant toute une matinée, m'a mis à rude épreuve.

A passer dans une chambre sourde et faire signe au moindre son aigu, ou à nous aveugler pendant un certain temps avec un produit puis attendre notre réaction, voici les principaux souvenirs de ces étapes outre la classique visite.

Du fait de ce produit nous rendant aveugle pour imiter « le voile de l'aviateur » si caractéristique en manque d'oxygène, nous nous déplacions tous à petits pas avec assistance des autres.

Le médecin au final, qui me considérait **apte** d'après les résultats obtenus, et l'auscultation, va m'interroger sur le questionnaire que je venais de remplir et sur les raisons des cases cochées « avez-vous effectué votre service militaire ? Et dans quelle arme ? »

D'une manière honnête la réponse avait été écrite, mais un doute en était ressorti pour lui en tant que médecin.

Délibérément je n'avais pas mentionné mes problèmes de santé avec mon coma, comme si une honte s'installait en moi, à être différent des autres.

Ce fameux médecin, demanda à accéder à mon dossier militaire dans lequel tout était consigné même et surtout la raison pour laquelle je n'avais pas effectué ce service obligatoire dont j'en dissimulais la raison

Pour ne pas avoir effectué ce service militaire, je ne pouvais me dégager d'une dette envers la société.

A partir de cet instant toute une série de tests dont j'allais faire l'objet, allait décider de mon avenir devant un deuxième médecin du service de santé des armées.

*« **Candidat PNC**, adressé en consultation en raison de manifestations comportementales notées au cours de la visite générales d'admission.*

Monsieur LEMMO a été victime à l'âge de 9 ans, d'un accident de la voie publique avec notamment traumatisme crânien, coma de trois semaines, hémiplégie gauche et aphasie.

La rééducation a permis une récupération du langage en quelques mois, de la motricité en six mois environ et de la force musculaire en deux ans.

Malgré des difficultés persistantes à l'écriture (le médecin traitant parle d'écriture rigide, l'intéressé évoque des crampes de l'écrivain et s'est dérobé aux sollicitations pour le faire écrire), Monsieur LEMMO a pu poursuivre des études (bac +3), mais n'a pas trouvé d'emploi durable à ce jour.

Il vit seul tout en gardant des relations stables avec sa mère.

Il n'a pas d'antécédent psychiatrique personnel ou familial connu (à noter que le père est décédé il y a vingt cinq ans, l'origine du décès n'a pas été déterminé).

A l'examen, la gestuelle est assez statique, un peu rigide.

La mimique se caractérise par des contractures musculaires brèves et involontaires (front, paupières) et par des expressions d'allure excessive mais non paradoxale.

Le discours spontané reste pauvre ; l'élocution parfois hésitante, parfois heurtée, bute sur certains mots.

Les propos sont adaptés (pas de thèmes déréel) mais certaines réponses ont un caractère conventionnel et les associations d'idées, sans conduire à des ambiguïtés, donnent à certaines phrases un sens qui échappe.

Les diverses formations ainsi que la biographie sont énoncées dans un ordre chronologique qui donne au pragmatisme de la narration une allure un peu machinale parfois dépourvue de conviction tangible.

En revanche, le discours s'anime et une authenticité se dégage lorsqu'on évoque l'intérêt pour le milieu aéronautique.

Il n'y a pas de malaise (physique ou psychique) en avion.

Il n'y a pas non plus de troubles de l'humeur ou d'anxiété morbides avérés.

Au total, un contact particulier se dégage d'un contraste (non permanent) entre la gestuelle, la mimique, l'élocution et les propos.

Deux hypothèses méritent dès lors d'être envisagées :

-l'hypothèse de séquelles psycho-organiques comme on peut en noter dans certains syndromes frontaux a-minima.

-l'hypothèse d'une origine psychodynamique à cette sémiologie fluctuante évocatrice d'atypicité.

Divers tests psychologiques ont été proposés à Monsieur LEMMO.

La figure complexe de Rey objective un déficit mais n'apporte pas d'élément en faveur d'une des deux hypothèses (psycho-organicité ou psycho infraclinique).

Le MMPI, valide, révèle une élévation non pathologique des échelles psychotiques.

Au test de Rorschach, on note le faible pourcentage de « bonnes formes », la rareté des réponses humaines, ainsi que le caractère très inhabituel de certaines réponses (mélange d'un symbolisme très personnel de la couleur à des réponses anatomiques par exemple).

Les résultats d'ensembles de ces tests invitent à pencher en faveur de la seconde hypothèse diagnostique évoquée plus haut.

Au total, l'entretien et les tests mettent en évidence certains signes inhabituels (limitation d'aptitude à écrire, contact évocateur d'atypicité notamment) dont l'évolution dira s'ils ont une valeur pathologique justifiant des soins. »

Ce médecin me déconseilla fortement de poursuivre ma démarche d'intégration dans ce domaine en raison d'une probable trop grande exposition à un état de fatigue.

A ma grande satisfaction, il me restait encore une chance d'y parvenir, cette dernière chance pour intégrer ce milieu dans lequel j'avais tant de difficultés à atteindre.

En effet, la dérogation gouvernementale devenait ma dernière chance d'y parvenir, mais un confrère n'en contredit jamais un autre.

C'est ainsi qu'un avenir différent de celui duquel je voulais, allait se dessiner après décision de l'instance de tutelle.

Ainsi le docteur **Robert A. président du conseil médical de l'aéronautique civile,** en date du huit mars 1995 mit fin à tout espoir d'intégration en me déclarant inapte (mon rêve venait de s'effondrer).

Les conséquences de mon accident, venaient de me clouer au sol, nul besoin d'insister.

Avec un marché de l'emploi difficile à intégrer, il fallait se démarquer des autres pour susciter l'intérêt.

A trop écrire des **lettres de motivations manuscrites demandées par les employeurs**, celles-ci ne connaissaient qu'une seule destination : La poubelle.

C'était là le prix à payer encore une fois.

Une formation de secouriste aquatique, puis de maître nageur sauveteur, semblait venir logiquement à la suite de mes antécédents sportifs en natation, mais ici encore il était question de certificats médicaux demandés en fin de formation, et qui allaient une nouvelle fois me retirer toutes responsabilités.

Par l'intermédiaire de cette formation, brevet national de secouriste en poche avec une mention ranimation, il m'était possible d'assister l'autre, mais cette formation en piscine était sanctionnée à la fin par l'approbation du corps médical.

Chaque porte vers laquelle je me dirigeais se fermait en raison des mes seuls antécédents médicaux sur papier.

D'échec en échec, je persévérais dans ma lancée car je savais qu'un jour ou l'autre mes efforts seraient récompensés, j'étais allé à bonne école.

Finalement en janvier 1995, la vie décida de me donner la chance d'intégrer une petite société médicale distribuant du matériel de radioprotection.

A l'hôpital, il fallait que je revienne ! Mais cette fois-ci, pour y travailler, et considérer le personnel soignant.

A partir de cet instant la motivation était au rendez-vous tous les jours avec une expérience acquise sur le tas pour un domaine très technique que je ne connaissais pourtant pas et un relationnel important travaillé à chaque instant.

Tout se passait parfaitement.

J'écoutais attentivement tout en apprenant sur le terrain du fait de mon travail au contact des radiophysiciens, des médecins, des ingénieurs.

Le relationnel était le meilleur moyen d'arriver à obtenir l'aide de tous ces gens, où la démarche commerciale ne prenait plus maintenant pour moi et pour eux, un aspect purement vendeur.

J'arrivais dans un domaine passionnant et humain.

Je m'investissais dans mon travail, et **j'allais de l'avant coûte que coûte**, jusqu'à ce que la vie m'oriente finalement dans une autre direction, toujours celle de l'assistance à l'autre, mais dans un milieu moins éprouvant que dans les hôpitaux.

C'est ainsi que j'ai donc été accepté pour mon sérieux et ma rigueur dans une école d'architecture à Paris, d'abord dans l'enceinte des beaux-arts à Saint Germain des Prés, puis ensuite sur un site différent, celui de Charenton le Pont, pour enfin déménager à Paris dans le treizième arrondissement.

Le coté paternaliste du père que je n'ai pas eu, et qui est en moi, prenait maintenant toute sa valeur.

Je remercie personnellement la Haute Autorité de Lutte contre les Discriminations à l'Emploi pour son intervention.

CHAPITRE VI

Les suites judiciaires de l'accident

Madame LEMMO Martine

25, allée du clos gagneur

93160 NOISY LE GRAND

« *J'ai l'honneur de vous informer qu'après l'enquête concernant l'accident de la circulation survenu le quatre avril 1979 à NOISY LE GRAND et dont a été victime vous-même ou un membre de votre famille,*

Mon parquet n'estime pas qu'il y a lieu de poursuivre d'office, en raison des circonstances dans lesquelles cet accident s'est produit.

En conséquence, cette affaire est classée à mon parquet sous le numéro indiqué ci-dessus, qu'il y a lieu de rappeler dans toutes correspondance.

Il vous est loisible avant de décider de la suite que vous donnerez à cette affaire, de prendre l'avis d'un avocat si vous l'estimez utile à vos intérêts. »

Vous allez découvrir maintenant toute l'humanité qui réside dans cette confrontation entre un enfant qui veut vivre comme vous, et un système économique déjà réglé d'avance.

De même, le conducteur, père de famille lui-même, en tant qu'assuré, se fera même le défenseur médaillé de sa compagnie d'assurance par l'intermédiaire de témoignages prouvant l'existence du mensonge pour étouffer un gamin, le charger un maximum, et de lui trouver des fautes (même inventées) car un témoignage d'enfant de cet âge-ci n'a pas grande valeur pour la justice de notre pays face à des adultes qui eux peuvent dire ce qu'ils veulent, même et surtout un mensonge.

Commençait un véritable combat perdu d'avance devant des vautours et des loups affamés flairant l'appas du gain.

Telle était cette épreuve à laquelle il me fallait être à la hauteur de ce qui va suivre.

Voici maintenant la partie qui va vous demander le plus d'attention, néanmoins pour vous faciliter la lecture de ce chapitre qui relève de notions de droit, je vais indiquer en caractères gras l'essentiel des décisions.

Vous allez ainsi comprendre tout le système qui gravite autour de mon cas.

Pour la réalité des discours, et sans aucun jugement de valeur, je reprends les jugements et les comptes-rendus de ces décisions.

Un homme (monsieur P) témoin de toute la scène, témoignera en faveur de la **seule vérité,** de ce qu'il a vu en tant que spectateur à la grande surprise de ces **Pinocchio** au nez très long comme vous allez vous en rendre compte.

« Considérant qu'il résulte du rapport de police produit ; »

« Que l'accident a eu lieu de jour sur la chaussée de l'avenue du Mont d'Est ; »

« Que le jeune LEMMO, suivant un de ses camarades, ***traversait de droite à gauche par rapport au sens suivi par la voiture de monsieur B****. »*

« Considérant que devant la police, et au cours d'une comparution personnelle et d'une enquête devant le tribunal, monsieur B. a déclaré ***qu'il roulait à la hauteur d'un autre véhicule qui se trouvait sur sa droite lorsqu'il avait vu les deux enfants*** *avancer en courant sur la chaussée, l'un derrière l'autre, et qu'il n'avait pu les éviter ; »*

« Qu'il a ajouté qu'il n'avait vu les enfants que lorsqu'ils avaient fini de passer devant la voiture qui se trouvait à côté de la sienne ; »

« Que le jeune LEMMO n'a pu relater les circonstances de l'accident en raison de ses blessures ; »

« Que son camarade a déclaré que le feu était vert pour les voitures, il avait traversé en courant, et que le jeune LEMMO qui le suivait avait alors été heurté par la voiture ; »

« Qu'un témoin monsieur D*. a déclaré qu'il roulait dans sa voiture, sur la droite de celle de monsieur B., que celle ci étant presque à sa hauteur, il avait vu passer devant lui successivement les deux enfants, qu'il avait pu les éviter mais que la voiture* ***de monsieur B. avait heurté le deuxième enfant à environ une dizaine de mètres*** **au-delà du passage pour piétons** *; »*

« Qu'un piéton qui se trouvait à proximité n'a pas fourni de précision sur l'accident lui-même, dont il n'a entendu que le choc ».

Aujourd'hui, pour le trentième anniversaire de cet accident, vous comprendrez j'en suis certain, la douleur qui en ressort, à découvrir et à essayer de comprendre ce que je vous dessine sur papier faisant état de rapport en tout genre en 1979.

Moi-même n'arrivant toujours pas à comprendre certains comportements pourtant détaillés sur des rapports officiels, je demande votre collaboration afin de m'éclairer :

Ces deux longues doubles voies séparées par un terre-plein central qu'est le boulevard Mont d'Est devaient être le théâtre d'un drame.

> *« -d'une enquête devant le tribunal, monsieur B. a déclaré* ***qu'il roulait à la hauteur d'un autre véhicule*** *qui se trouvait sur sa* ***droite lorsqu'il avait vu les deux enfants.***

Qu'il a ajouté ***qu'il n'avait vu les enfants que lorsqu'il avait fini de passer devant la voiture qui se trouvait à côté de la sienne»***

Le code de la route n'indique t-il pas que la conduite s'effectue normalement sur la voie de droite et que la voie de gauche est réservée aux dépassements?

Comment peut-on, en apercevant des enfants traverser, accélérer encore pour dépasser le véhicule à ses côtés ?

A l'approche d'un feu tricolore, accélère-t-on ?

Qu'indique le code de la route ?

Mon hémiplégie gauche est elle la conséquence du simple choc de ma tête sur le bitume ?

Un fameux témoin, arrivé tel un sauveur pour mon avenir, va témoigner, de la seule vérité, face à des avocats prêts à tout pour gagner sur un enfant, et des juges ne voulant entendre que ce qu'ils désirent entendre.

La parole d'un enfant de 9 ans victime n'a pas grande valeur seulement lorsqu'elle avantage les assurances :

« Je soussigné Jacques P. demeurant avenue des graviers 93160 NOISY LE GRAND déclare avoir été témoin des faits suivants :

*« Sortant du RER le quatre avril dix neuf cent soixante dix neuf et me trouvant à une dizaine de mètres du passage réservé aux piétons, **j'ai vu le fils de madame LEMMO, projeté en l'air** après avoir été heurté par un véhicule automobile **circulant à vive allure** (se référer aux mesures de traces de freinage relevées par les services de police).*

*Je ne peux me prononcer sur l'état des feux de signalisation (vert ou rouge) au moment du **choc qui s'est produit dans le passage réservé aux piétons**.*

J'ai alors demandé que personne ne touche à la victime et j'ai immédiatement fait demander les secours auprès des employés de la RATP.

Je suis informé que cette attestation est destinée à des poursuites en justice, et que toute fausse déclaration risquerait de me faire encourir des sanctions pénales. »

Monsieur P. affirmait, que je me trouvais **bien dans les passages protégés**, alors que dans un même temps, monsieur D. lui, tenait un discours contradictoire, alors qui croire ? Et pour quelle raison ?

Seulement le témoignage de monsieur D. semblait convenir parfaitement à cette compagnie d'assurance afin de me rendre coupable d'une faute imputable à ce qui allait devenir plus tard, mon indemnisation car maintenant de grosses sommes d'argent étaient en jeu pour aider cet enfant à grandir au mieux.

Monsieur D. témoignant en faveur de Monsieur B. et sa compagnie d'assurance mutualiste, va incidemment signifier son rapprochement professionnel avec l'auteur de l'accident, et par une série de doutes quant aux faits relatés, la situation va vite revenir en ma faveur mais c'était sans compter sur l'acharnement de la compagnie d'assurance telle des vautours, et certaines complicités que je vous laisse le soin d'apprécier.

Il fallait tout de même me désigner comme responsable pour trouble à l'ordre public causé sur la chaussée par un quelconque moyen.

« ASSIGNATION DEVANT LE TRIBUNAL DE GRANDE INSTANCE DE PARIS »

« L'an Mil Neuf Cent Quatre Vingt et le »

« A la demande de Madame TIXERAND Martine, veuve LEMMO

Demeurant 25 allée du clos gagneur à NOISY LE GRAND (93160). »

« Ayant pour conseil Maître Francis Marc A.

Avocat au barreau de PARIS »

« Au cabinet duquel il est élit domicile. »

« J'ai »

« Fait savoir à 1°/ Antonio B. »

« Jardinier »

« Né le 8 novembre 1941 au Portugal »

« Demeurant 16 rue C. Bras Malnoué à EMERAINVILLE (77) »

« 2°/C.P.G.

27 rue Paul Lelong 75060 PARIS cedex 02 »

« Qu'ils sont invités à comparaître devant le tribunal de grande instance de PARIS à l'expiration du délai de quinzaine ; »

« Que faute pour les défendeurs de constituer Avocat du barreau de PARIS, ils s'exposent à ce qu'un jugement soit rendu contre eux sur les seuls éléments fournis par le demandeur.»

« Attendu que le ***4 avril 1979 à 18 heures 10****, Monsieur Christophe LEMMO fut* ***gravement heurté*** *par un véhicule automobile de marque Renault immatriculé dans la Seine et Marne au lieu dit avenue du Mont d'Est de la gare routière de NOISY LE GRAND 93 ; ».*

« Attendu que le piéton qui traversait fut ***projeté à 10 mètres du lieu de l'accident ; »***

« Qu'on n'a pas relevé moins de ***16.40 mètres de traces de freinage****, ce qui permettra au tribunal d'apprécier la vitesse à laquelle le chauffeur roulait ; »*

« Attendu ***que tout conducteur doit être maître de sa vitesse*** *et particulièrement en cas de croisement ou de dépassement de piétons,* ***selon l'article R 13 du code de la route ; »***

« Attendu en outre, qu'aux termes de l'article 1384 du code civil ***chacun est responsable des choses dont il a la garde ;***

Qu'il échet en conséquence de ***dire monsieur B. responsable des dommages commis du fait de son véhicule ; »***

« Attendu en second lieu que l'enfant âgé de 09 ans a subi un traumatisme crânien et une contusion cérébrale diffuse, qui

risque d'avoir des séquelles à l'avenir, notamment sur le plan scolaire ; »

Que malgré une réanimation intensive, un état de coma n'en a pas moins duré 3 semaines ; »

« Attendu que les conclusions du professeur P. laissent la possibilité de graves séquelles motrices neurologiques et psychologiques ainsi que la survenue d'une comitialité ; »

« Attendu que dans ces conditions et eu égard à la gravité des atteintes physiologiques et psychiques, le tribunal commettra tel expert qu'il lui plaira et particulièrement tel généraliste et tel spécialiste en neuropsychiatrie aux fins d'examiner l'enfant ; »

« Attendu que subsidiairement et en tant que de besoin, le tribunal ordonnera une expertise technique sur les lieux avec audition de tous sachants et témoins pour confirmer ***la responsabilité évidente du conducteur du véhicule Renault, les témoins n'ayant pas été entendus lors de l'enquête ; »***

« Attendu qu'il convient de fixer la consignation d'une provision à la charge du défendeur à la fin de couvrir les frais d'expertise ; »

« Attendu en dernier lieu, qu'il est demandé au tribunal d'ordonner la consignation d'une provision de ***50 000 francs*** *eu*

égard à l'importance du préjudice et aux dépens médicaux avancés par Madame LEMMO. »

« PAR CES MOTIFS »

« Il est demandé au tribunal : »

« 1°/ de ***nommer tel expert qu'il lui plaira*** *et plus particulièrement outre un généraliste, un neuropsychiatre ; »*

Que ces experts auront pour mission de déterminer *outre l'incapacité temporaire et l'incapacité permanente, si au plan médical physiquement et intellectuellement* ***la victime est apte à réaliser au plan de la vie quotidienne et de la vie scolaire toutes les espérances que l'on peut attendre légitimement d'un enfant de 09 ans*** *; de donner toutes précisions utiles sur l'évolution des traumatismes et contusions actuelles, leur degré de probabilité, et si un nouvel examen leur paraissait nécessaire, indiquer dans quel délai il devrait y être procédé ;* ***chiffrer le taux du déficit psychologique et physiologique entre la***

capacité antérieure et la capacité actuelle. »

« 2°/ Très subsidiairement ordonner une expertise technique sur les lieux aux fins d'audition des sachants et témoins qui ne pourra que confirmer le tribunal dans sa religion sur la responsabilité du défendeur. »

« 3°/ D'ordonner la consignation d'une somme tel qu'il plaira au tribunal de fixer au titre des frais d'expertise à la charge des défendeurs solidairement. »

*« 4°/ D'ores et déjà condamner les mêmes au versement d'une provision de **50 000 francs** au titre de dommages et intérêts »*

*« 5°/ Ordonner l'exécution provisoire de la décision à intervenir, condamner **monsieur B. en tous les dépens dont distraction au profit de Maître Francis Marc A., Avocat aux offres de droit. »***

« Il convient donc de dire ***que Christophe LEMMO, réunit les conditions nécessaires pour obtenir les moyens financiers qui compenseront si possible les conséquences de l'accident*** *et qu'en l'état actuel du droit, cette compensation ne peut incomber subsidiairement qu'à l'assureur de l'automobiliste à défaut de prise en charge par un organisme social. »*

« SOUS TOUTES RESERVES. »

J'attire votre attention sur le fait que ce qui va suivre, digne d'une fiction, n'en est pas une.

Ce procès prenait véritablement l'allure d'une parodie où le coupable était désigné d'avance quoiqu'il arrive.

<u>En voici un résumé quant à son déroulement.</u>

« Le 4 avril 1979, à NOISY LE GRAND, le jeune Christophe LEMMO, piéton, âgé de 9 ans, qui traversait l'avenue du Mont d'Est, a été heurté et blessé par la voiture conduite par monsieur B. Celui-ci était assuré par CPG anciennement dénommée. »

« Après jugement du 17 novembre 1981, qui a ***condamné in solidum monsieur B. et son assureur à verser à madame LEMMO, ès-qualité de représentant légal de son fils mineur, une provision de 1 000 francs, à valoir sur la réparation du préjudice corporel de l'enfant et désigné le professeur C.*** *(médecin légiste, Neurochirurgien des hôpitaux de PARIS, professeur à la faculté de médecine COCHIN-PARIS, Expert National)****, en qualité d'expert.*** *»*

« Le Jugement du 13 juillet 1982, a condamné l'assureur du conducteur à assurer l'indemnisation de la victime. »

*« **Arrêt du 14 février 1984** de cette chambre de la cour a déclaré **monsieur B. responsable à concurrence des ¾,***

*et l'a condamné in solidum avec son assureur à verser à madame LEMMO, ès-qualités, une provision de **20 000 francs**. ; »*

*« **Une ordonnance du 15 mai 1985 du juge de la mise en Etat**, a condamné ceux-ci in solidum à payer à la victime, avec exécution provisoire, une indemnité provisionnelle de 50 000 francs et Avant Dire Droit a désigné une nouvelle fois, le professeur C. **le tribunal de grande instance de PARIS a par jugement du 12 mai 1987, condamné in solidum monsieur B. et son assureur à** payer **à madame LEMMO ès-qualités, la somme de 517 500 francs, en deniers ou quittances, avec intérêts à compter du jugement et exécution provisoire à concurrence de 200 000 francs, sursis à statuer sur l'incidence économique définitive qui devra être évaluée après un délai de 5 ans, condamné in solidum les défendeurs aux dépens ; »***

La justice décide par ce jugement d'allouer en ma faveur une somme de

517 500 francs.

« Au soutien de sa décision, le tribunal a évalué le préjudice du jeune LEMMO de la manière suivante : »

« ITT	***30 000 francs »***
« IPP	***337 500 francs »***
« Incidence économique (provisionnelle)	***100 000 francs »***
« Souffrances	***25 000 francs »***
« Préjudice d'agrément	***25 000 francs »***

« Le conducteur monsieur B. et son assureur ont interjeté appel »

« Ils concluent à l'infirmation du jugement, au sursis à statuer sur l'évaluation du préjudice, jusqu'à mise en cause des organisme sociaux, en application de l'article 39 de la loi du 5 juillet 1985, à la ***réduction de l'estimation du préjudice de la victime et, à l'application du partage de responsabilité, avant déduction de la créance de la Caisse Primaire d'Assurance Maladie ; »***

« ils demandent à la cour de constater que le tribunal a statué « ultra petita (accorder au-delà de l'objet de la demande) », en allouant une indemnité provisionnelle pour le préjudice

professionnel et en sursoyant à statuer sur l'incidence économique définitive pour une durée de 5 ans ; »

« Ils soutiennent que le préjudice de carrière qui n'est qu'éventuel, apparaît faire double emploi avec l'évaluation de l'Incapacité Physique Permanente et que le taux de celle-ci, retenue par l'expert, tient compte de ce préjudice »

« Madame LEMMO se borne à conclure à la confirmation du jugement en toutes ses dispositions ; »

« Par conclusions additionnelles signifiée le 22 décembre 1987, Christophe LEMMO majeur, depuis le 2 juin 1987, et, en tant que de besoin, madame LEMMO, sollicitent une somme de ***15 000 francs*** au titre de l'article 700 du nouveau code de procédure civile ; »

« Dans leurs dernières écritures, la compagnie d'assurance et monsieur B. concluent au débouté de la demande additionnelle ; »

« La Caisse Primaire d'Assurance Maladie du Val de Marne a fait connaître, par lettre du 13 février 1987, qu'elle n'interviendra pas à l'instance, se trouvant dans l'impossibilité de chiffrer sa créance, compte tenu de l'ancienneté de l'accident ; »

CELA EXPOSÉ LA COUR

par arrêt du 12 février 1988
XVIIème chambre, section B
a ainsi statué

« Considérant que la réponse du 13 février 1987 de la Caisse Primaire d'Assurance Maladie du Val de Marne satisfait à l'obligation, mise à la charge de l'intéressé ou ses ayant droit par l'article du 5 juillet 1985, d'appeler la caisse de sécurité sociale, à laquelle la victime est affiliée, en déclaration de jugement commun ; »

« Considérant que les appelants ne démontrent pas de façon pertinente que le tribunal n'aurait pas tenu compte du partage de responsabilité dans l'évaluation définitive de l'indemnité allouée à la victime , dès lors que les premiers juges s'y sont expressément référés dans l'exposé des faits et dans les motifs ; »

« Considérant, en revanche qu'il y a lieu de constater que le tribunal a statué « ultra petita », en réservant le droit à évaluation définitive du préjudice économique du jeune LEMMO, après un délai de 5 an, et en lui accordant à ce titre une provision de 100 000 francs, égale au montant réclamé à titre définitif ; »

« Considérant que l'incidence économique est liée comme L'I.P.P. aux séquelles résultant de l'accident ; qu'au surplus, en

l'espèce, le médecin expert évalue ***l'I.P.P. tous préjudices confondus à 45%*** *; »* (au jour de la consolidation).

« Que compte tenu de leur lien étroit, il convient de réévaluer ces deux postes de préjudice et de réformer le jugement de ces seuls chefs, celui-ci devant être confirmé en ce qui concerne les postes relatifs à L'I.T.T., à la souffrance et au préjudice d'agrément ; »

« Considérant que dans son rapport, le médecin expert expose que chez le jeune Christophe LEMMO, il subsiste encore, du fait de l'accident, des atrophies localisées du cerveau, une hémiplégie gauche, des troubles cérébelleux statiques et cinétique avec un sévère retentissement neuropsychique avec bradypsychie, troubles importants de la mémoire de fixation, troubles de l'humeur et du caractère. ; »

« Qu'il conclut à une I.P.P., tous préjudice confondus, et à l'existence d'un retentissement scolaire puisque les séquelles de l'accident ont entraîné un redoublement de deux années scolaires et un préjudice de carrière ; »

« Que la Caisse Primaire d'assurance Maladie du Val de Marne ne sollicitant pas le remboursement de sa créance, il n'y a pas lieu d'opérer de déduction à ce titre ; »

« Considérant que dans l'ensemble de ces conditions et, ***compte tenu du partage de responsabilité 3/4 et 1/4 pour le***

***jeune LEMMO, le préjudice corporel du jeune LEMMO doit être évaluer à 460 000 francs**, dont **50 000 francs** pour la part personnelle (souffrance et préjudice d'agrément) et **410 000 francs** pour l'atteinte à l'intégrité physique (I.T.T.-I.P.P, avec incidence économique) ; »*

« Que monsieur LEMMO a, donc droit à une indemnité de 460 0000 francs, (provision et exécution provisoire comprises) pour son préjudice corporel ; »

Finalement cette **compagnie d'assurance a obtenu la généreuse permission par la justice**, de ne verser, qu'après déduction :

460 000 francs **au lieu de 517 500** francs.
Montant du gain pour l'assureur : 57 500 francs.
Après réflexion cette même justice, estime t-elle que cette compagnie d'assurance est plus en état de détresse, qu'un enfant qui a tout perdu et qui recommence à zéro ?
L'assureur venait de gagner avec l'aide de la justice la somme de
57 500 francs **« mission accomplie »**

« La cour a diminué délibérément le montant de l'indemnisation globale alors qu'aucun obstacle juridique ne lui interdisait de satisfaire entièrement les demandes présentées par l'assurance. »

?

*« Considérant qu'il y a lieu de lui allouer, en outre une somme de **5 000 francs** en remboursement des frais irrépétibles de procédure qu'il serait inéquitable de laisser à sa charge ; »*

***« PAR CES MOTIFS**, et ceux non contraires du tribunal »*

« Statuant par arrêt contradictoire, »

« Vu l'arrêt du 14 février 1984 qui a déclaré monsieur B. et son assureur responsable de l'accident à concurrence des 3/4 ; »

***« Confirme le jugement du 12 mai 1987, sauf en ce qui concerne l'I.P.P., l'incidence économique et les dépens** ; »*

Statuant à nouveau,

« Dit que l'intervention par lettre, de la Caisse Primaire d'assurance Maladie du Val de Marne satisfait aux dispositions de l'article 39 de la loi du 5 juillet 1985 ; »

« Condamne in solidum Monsieur B. et son assureur à verser à Monsieur LEMMO : »

1°/« Compte tenu du partage de responsabilité en deniers ou quittances, une indemnité de 460 000 francs, avec intérêts légaux à compter du présent arrêt pour la somme de 380 000 francs (I.P.P.+Incidence économique) et à compter du jugement déféré pour le surplus ; »

*2°/ « Une somme de **5 000 francs** au titre de l'article 700 du nouveau code de procédure civile ; »*

« REJETTE toute demande autre, contraire ou plus ample ; »

Pourquoi un tel jugement alors que tous se nourrissent aux dépens de la victime.

« Met les dépens de première instance et d'appel à la charge de monsieur B. et son assureur à concurrence des 3/4. ; »

« ADMET les avoués de la cause à recouvrer directement dans la limite de leurs droit, ceux des dépens dont ils ont fait l'avance sans avoir reçu de provision ; ».

Rapidité de la justice, dossiers qui se perdent dans ce dédale de pièces administratives au détriment des victimes, voilà toute une cascade d'étapes faisant le jeu de certains.

Voilà à quoi s'attendre, lorsque des vautours vous ont repérés, mais c'était sans compter sur la venue des loups qui rôdent eux aussi dans les palais de justice ; en robe noir.

Mes études se poursuivant et m'accaparant la majorité du temps, de nouvelles dépenses devaient encore être déboursées avec un autre avocat (maître S) en raison du silence de celui de première instance, qui brillait par son absence.

Maître S, représentant mes intérêts auprès de l'avoué près de la cour d'appel de PARIS a en **date du 7 février 1992** effectué la réponse que voici à un courrier qui lui a été fait :

« Mon cher Maître, »

« Pardonnez moi de vous répondre un peu tardivement à vos différents courriers des 23 décembre, 9 et 20 janvier ainsi que celui du 5 février. »

« En effet ce ***dossier est archivé*** *chez moi* ***depuis bien longtemps****, et il m'a fallu le récupérer. »*

« Je m'étonne de la demande qui vous ait faite par monsieur LEMMO, en effet il avait pour conseil votre confrère Maître Francis Marc A. lequel a été informé de la procédure jusqu'au prononcé de l'arrêt du 12 février 1988 à l'adresse rue de Penthièvre. »

« Mon dernier courrier adressé à maître Francis Marc A. est en date du 22 mars 1988, mais le 22 février, je l'avais interrogé sur le fait de savoir si les clients acceptaient la décision, il ne m'a pas répondu. »

« Si les clients acceptaient la décision et si monsieur LEMMO a été réglé, pour information je vous adresse copie de l'arrêt.. »

« Votre bien dévoué. »

Devant cette situation abracadabrantesque, il fallait avancer encore plus vite car la situation prenait un tout autre caractère maintenant, avec cette fois ci un autre conseiller maître W. dont voici la teneur du courrier adressé à cet avocat amnésique incriminé :

« Mon cher Confrère »

« Je réponds à votre télécopie du 11 mars dont j'ai transmis la teneur à mes clients. »

« Tout d'abord, je crois utile de vous rappeler que ceux-ci ne sont pas actuellement en de bonnes dispositions à votre égard. »

« Ils considèrent en effet que vous les avez trompé en ne leur remettant pas les sommes qui leurs revenaient et que vous avez manqué à vos obligations de conseil en ne poursuivant pas à son terme la procédure dont l'enjeu constitue pour Christophe LEMMO une indemnisation capitale pour son insertion dans la vie professionnelle. »

*« **En effet, il semble que vous ayez choisi en 1988 d'occulter à vos clients l'arrêt qui venait d'être rendu** plutôt que d'en apprécier ensemble la portée pour former éventuellement un pourvoi en cassation **étant donné que l'arrêt avait omis de se prononcer sur l'indemnisation du préjudice professionnel subi par monsieur LEMMO »***

«Il me semble également qu'il manque 57 872,31 francs dans le montant que vous avez finalement reçu de Maître S. et de la compagnie d'assurance par rapport au montant alloué qui s'élevait à 460 000 francs »

« Sur ce point d'ailleurs, j'aimerais que vous me confirmiez le montant exact des sommes totales que vous avez reçu de la compagnie d'assurance et des sommes reversées à Martine et Christophe LEMMO »

*« **Je ne pense pas par conséquent qu'il soit raisonnable de votre part, dans le cadre d'une solution amiable, d'espérer récupérer malgré tout le solde d'honoraires auquel vous pensez pouvoir prétendre** en vertu d'un accord de résultat et qui ne concernait que la procédure en première instance et que de toute façon **vous n'avez pas respecté en cause d'appel puisque vous n'avez même pas reversé les sommes que vous auriez perçu** »*

« C'est la totalité des intérêts dont aurait bénéficié Christophe LEMMO, si vous aviez reversé ces fonds sans délais »

*« Je veux bien admettre, si je me fie **au bordereau CARPA de remise de chèque que 207 127 francs vous ont été versés en mars 1988 et faire courir les intérêts à compter de cette date jusqu'au 31 décembre 1993, et non pas de mars 1992** car peu importe le contenu de vos discussions avec Maître S. puisque **vous n'aviez aucun droit à retenir ces sommes et que vous en avez profité jusqu'au mois de décembre 1993** »*

« Le montant des intérêts légaux s'élèveraient donc à 119 776,53 francs ».

« Compte tenu de toutes ces infractions je vous inviterai à ne pas persister dans un compte d'apothicaire qui risque fort de se retourner contre vous »

« Je vous ai très confraternellement proposé d'en finir rapidement dans les termes qui me permettent de désamorcer un conflit pénible »

« Si nous ne pouvons nous entendre, je n'userai pas de mon influence pour convaincre Monsieur et Madame LEMMO de se désister de toute instance de toute action à votre encontre »

Une étape venait de se terminer, mais la bataille était loin d'être gagnée.

Un courrier, adressé à ce loup amnésique, devait permettre très vite à cette affaire de se terminer en faveur de la victime, mais voilà qui était la victime dans ce cas précis ?

« Maître, »

« A la suite de l'accident dont j'ai été victime alors que j'étais âgé de 9 ans le 4 avril 1979, vous avez été chargé, par ma

mère, madame Martine LEMMO, d'engager une procédure d'indemnisation à l'encontre du responsable de l'accident et de sa compagnie d'assurance.

Cette procédure a donné lieu à 5 décisions judiciaires *déclarant l'auteur de l'accident pour les 3/4, responsable et m'allouant différentes provisions.*

Le 12 mai 1987, le tribunal de grande instance de PARIS *a condamné in solidum le conducteur et son assureur à me verser la somme de* ***517 500*** *francs et sursis à statuer sur* **l'incidence économique** *définitive qui devait être déterminée après un* **délai de 5 ans (qui avait été évaluée à titre provisionnelle à 100 000 francs**).

Par arrêt du 12 février 1988, dont je n'ai eu connaissance qu'au mois de février 1992, *la cour d'appel de PARIS a confirmé ce jugement sauf en ce qui concernait l'incapacité permanente partielle et l'incidence économique.*

La cour a considéré que le tribunal avait statué « ultra petita » sur le montant du préjudice économique.

J'ai donc perdu la possibilité d'obtenir une indemnisation de mon ***préjudice professionnel à sa juste valeur que j'évalue à*** *7XX XXX* ***francs en me référant à la jurisprudence de la*** **cour d'appel de PARIS applicable en l'espèce à cette époque.**

Je considère donc être victime d'une faute professionnelle de votre part et vous prie de souscrire à cet égard une déclaration de sinistre

auprès de votre assurance en vue de mon indemnisation complète.

Veuillez croire, Maître, en l'assurance de mes salutations distinguées. »

C.LEMMO

D'après la jurisprudence de l'époque, l'avocat amnésique pouvait prétendre pour moi, à une allocation de **700 000** francs au lieu de **517 500** francs.

Qui profite du gain des **182 500** francs ?

Sans compter la diminution de cette même somme de 517 500 francs à 460 000 francs.

Si l'on cumule ces deux minorations indemnitaires cela fait un gain total de **240 000** francs.

ce qui correspond à 52% de l'indemnité théorique à laquelle ladite compagnie aurait pu être condamnée.

Un protocole transactionnel accessoire devait intervenir pour que la partie incriminée réagisse rapidement et que cette histoire « **abracadabrantesque** » se termine enfin.

Une caution bien maigre de **50 000** francs (les loups ne se mangent pas entre eux), allait être encore l'enjeu d'une âpre bataille.

Un combat perdu d'avance et maquillé, prenait encore naissance.

« PROTOCOLE TRANSACTIONNEL »

ENTRE :

« Monsieur Christophe LEMMO né le 2 juin 1969 à MELUN (77), étudiant, célibataire, de nationalité française. »

ET :

« Maître Francis Marc A, avocat au barreau de PARIS, demeurant Boulevard Malesherbes 75008 PARIS ».

« IL A PREALABLEMENT ETE EXPOSE CE QUI SUIT : »

« Monsieur Christophe LEMMO a été victime d'un accident de la route le 4 avril 1979 alors qu'il était âgé de 9 ans ; »

« Madame Martine LEMMO agissant en qualité de représentant légal de son fils Christophe a chargé Maître Francis

Marc A. d'engager une procédure d'indemnisation à l'encontre du responsable de l'accident et de sa compagnie d'assurance »

« Cette procédure a donné lieu à cinq décision judiciaires déclarant l'auteur de l'accident pour les 3/4 responsable et allouant à Monsieur LEMMO différentes provisions ; »

« Le 12 mai 1987, le Tribunal de Grande Instance de Paris a condamné in solidum le conducteur et son assureur à payer à Monsieur LEMMO la somme de ***517 500 francs*** *et sursis à statuer sur l'incidence économique définitive qui devrait être déterminée après un délai de 5 ans (qui avait été évalué à titre provisionnelle à 100 000 francs). »*

« Par arrêt du 12 février 1988, la Cour d'appel de Paris a confirmé ce jugement sauf en ce qui concernait l'Incapacité Permanente Partielle et l'incidence économique.

La cour a considéré que le tribunal avait statué « ultra petita » en statuant comme il l'avait fait sur le montant du préjudice économique et a réintégré ce chef de préjudice dans l'IPP dont elle n'a augmenté l'évaluation que de ***42 500 francs*** *; »*

« A la suite de cet arrêt, la Mutuelle de monsieur B. a réglé le ***25 mars 1988*** *à Maître Francis Marc A. le solde des indemnités dues à Monsieur LEMMO. »*

« Maître Francis Marc A. n'a pas tenu informé Monsieur LEMMO de l'existence de cet arrêt, qui n'a jamais été signifié, ni de la perception des fonds.

Ce n'est qu'au mois de février 1992 que Monsieur LEMMO a pris connaissance de l'arrêt directement auprès de l'avoué qui avait connu en son temps l'affaire ; »

« Monsieur LEMMO a saisi le 7 juillet 1993 Monsieur le bâtonnier de l'ordre des avocats à la cour de Paris d'une réclamation déontologique à l'encontre de Maître Francis Marc A., à la suite de laquelle ce dernier lui a reversé le 31 décembre 1993, la somme de 214 000 francs correspondant au solde du montant des condamnations prononcées à l'encontre de l'auteur de l'accident et de son assureur ; »

« Le 28 décembre 1993, Monsieur LEMMO avait saisi le Parquet de Paris d'une réclamation à l'encontre de Maître Francis Marc A, qui a donné lieu à une enquête préliminaire actuellement en cours ; »

« Par exploit du 16 février 1994, Monsieur LEMMO a sommé Maître Francis Marc A. de lui payer les intérêts moratoires échus sur le montant des fonds irrégulièrement retenus ; »

« Maître Francis Marc A. a offert de régler ces intérêts moratoires et de rembourser à Monsieur LEMMO les frais de procédure que celui-ci avait réglé directement ;

Dans ces conditions, Monsieur Christophe LEMMO et Maître Francis Marc A. ont décidé de se rapprocher et de mettre fin à leur différend et à tout litige dans les termes suivants : »

*CECI ETANT EXPOSE,
IL A ETE CONVENU CE QUI SUIT :*

*« Maître Francis Marc A. verse à Christophe LEMMO un chèque de **135 976,53 franc**s à titre de dommages et intérêts couvrant les intérêts moratoires échus sur le montant principal des sommes qu'il a reçues pour le compte de ce dernier pour **119 776,53 franc**s et le solde des frais de procédure qui ont été directement réglés à différents bénéficiaires (avoué, huissier, ...) par Monsieur LEMMO et sa mère ; »*

*« En contrepartie, Monsieur **LEMMO informera le parquet** du retrait de sa **plainte** et informera également **le Conseil de l'Ordre des Avocats à la Cour de Paris** qu'il a été rempli de ses*

droits et qu'il renonce à toute réclamation à l'encontre de Maître Francis Marc A. ; »

« Il ressort de l'arrêt de la Cour d'appel de Paris du 12 février 1988 que Monsieur LEMMO a perdu du fait d'une omission de Maître Francis Marc A. d'en formuler la demande dans ses écritures de première instance la possibilité de faire fixer à titre définitif son préjudice économique après une période de 5 ans à compter du 12 mai 1987 ainsi que la provision de 100 000 francs qui lui avait été allouée en première instance correspondant à l'indemnité provisionnelle ; »

« Il ressort également de la jurisprudence appliquée par la Cour d'Appel de Paris à l'époque que Monsieur LEMMO pouvait raisonnablement former une demande très supérieure à 700 000 francs. »

« Maître Francis Marc A. s'engage donc à souscrire à cet égard une déclaration de sinistre auprès de son assurance professionnelle et remet à Monsieur LEMMO un chèque de ***50 000 francs en acompte sur l'indemnité d'assurance qu'il*** *devrait obtenir. »*

« Cet acompte sera embourssé à Maître Francis Marc A. sur réception de l'indemnité d'assurance. »

*« Dans l'hypothèse où l'assurance refuserait de couvrir ce sinistre ou indemniserait Monsieur LEMMO pour un montant inférieur à **50 000 francs**, l'indemnité de **50 000 francs** versée par Maître Francis Marc A. à Monsieur LEMMO restera acquise à ce dernier. »*

« Les présentes ont force de transactions au sens de l'article 2044 du code civil ».

Epilogue

Malgré toutes ces épreuves, qui m'ont construit, cette autobiographie donne l'espoir à tous ceux qui sont dans les difficultés handicapantes, de toujours espérer et à vivre dans l'amour car lui seul, créé des miracles, et permet à l'âme de grandir.

Sans recevoir l'amour de ses parents, un enfant est perdu d'avance dans son évolution.

Alors considérez votre place comme la plus importante à son égard et transmettez lui cette force d'amour à la puissance incroyable.

A ceux qui sont épargnés par les épreuves et qu'un rien déstabilise, la vie ne vous fragilise t-elle pas ? Car sachez que la gratuité n'existe pas ?

La vie est ainsi faite, où chaque médaille a son revers.

Les douleurs naissant du regard des autres, ne sont-elles pas les plus dures ?

La compassion n'est-elle pas le meilleur moyen de comprendre l'autre dans l'épreuve ?

Ces épreuves ont-elles un sens, une signification pour nous faire découvrir d'autres champs d'existence ?

Tant de questions sur lesquelles je vais vous laisser méditer dans l'amour, je le souhaite.

Aimer son ennemi est la pire des vengeances pour lui.

Alors restons dans la lumière de l'amour pour qu'elle nous éclaire sur le chemin de la victoire.

Je remercie, **Christian D.** de m'avoir accordé ma chance de débutant sans lequel vous ne pourriez lire ce témoignage.

Un remerciement à celle qui m'a mis au monde et qui a vécu le pire en tant que **mère**, et qui m'a donné un maximum d'amour pour m'aider à grandir, et être ce que je suis à ce jour.

Merci à **tous ceux qui se sont portés solidaires** à la sortie de cet ouvrage, sans oublier ceux qui m'ont tourné le dos et fermé les yeux… Je les remercie aussi de leurs collaboration inactive quant à l'établissement de cet ouvrage.

Merci au **personnel soignant** des différents hôpitaux dans lesquels j'ai séjourné, et à tous ceux qui m'ont aidé à vivre dans l'amour.

Enfin merci LAURENCE.

Achevé d'imprimer sur les presses
de la SARL Hugues Barral
21, avenue Jean-Jaurès
BP 117
19103 Brive-la-Gaillarde Cedex
Dépôt légal 2ème trimestre 2009